高校入試 近道問題 21 社会の応用問題 —資料読解・記述—

この本の特色

① コンパクトな問題集

入試対策としてさらに高得点をねらえる4つの項目を短期間で学習できるよう，コンパクトにまとめた問題集です。直前対策としてばかりではなく，自分の弱点を見つけ出す診断材料としても活用できるようになっています。

② 各項目のパターンをチェック

各項目の最初の部分には，いくつかの**問題パターン**が示されています。それぞれの特徴をよく理解し，自分の弱点となっている**問題パターン**を確認してください。

③ 弱点を克服し，直前対策を練るための例題

例題のページは，それぞれのパターンの典型的な問題を載せています。苦手な項目をなくし，入試直前の仕上げとするために効果を発揮するはずです。

④ 豊富なデータに基づく実戦問題

英俊社の「高校別入試対策シリーズ」をはじめとする豊富な入試問題を分析し，「よく出る」問題を厳選しています。実際の入試問題に慣れることで入試本番での得点アップにつなげてください。

この本の内容

1 統計を使った問題 ………………………………… *2*

2 計算問題 ………………………………… *16*

3 作図問題 ………………………………… *26*

4 短文説明の問題 …………………………………

解答・解説 …………………………………

JN032594

1 統計を使った問題 近道問題

▶▶▶▶ 解法のパターンと例題 ◀◀◀◀

パターンⅠ 統計を細かく見る必要がない場合
➡ 知識だけで対応できる！
（統計が苦手であっても知識さえあればこわくない！）

パターンⅡ 統計をピンポイントで見る必要がある場合
➡ 計算は不要！
（見なければいけないポイントをはずさなければ大丈夫！）

パターンⅢ 統計をよく見て計算も必要な場合
➡ 最も注意が必要！
（計算をする前に，問われていることは量なのか割合なのかをしっかり確認しよう！）

パターンⅠ

次の ⬚ 内は，資料のように日本の経済成長率が変化した理由を説明したものである。〔 ① 〕と〔 ② 〕にあてはまる語句を書きなさい。ただし，同じ記号には同じ語句が入る。

（福岡県）

①（　　　　　　）②（　　　　　　）

〈資料〉 20世紀後半の経済成長率の推移

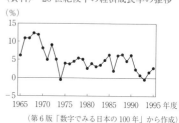

（第6版「数字でみる日本の100年」から作成）

20世紀後半に，わが国の経済成長率が，0％を下回った時期が2度あったことがわかる。

1度目は，〔 ① 〕の影響によるものである。〔 ① 〕は，中東戦争と関係が深い。

2度目は，〔 ② 〕が崩壊したことによるものである。〔 ② 〕は，実際の経済の力をこえて，株式や土地の価格が急激に上昇したことである。

解説

① 1973年の第一次石油危機の原因となったのは，第4次中東戦争。

② 1980年代半ばに，バブル景気は始まったが，1990年代前半に崩壊した。

「0％を下回った」年度の経済状況を知っていれば解ける問題。

〈資料〉から，わが国の経済成長率が0％を下回った時期の1度目は，1970年代の中ごろのこと。その時期までは，朝鮮特需やオリンピック景気・いざなぎ景気，国民所得倍増計画などの影響から高度経済成長期が長く続いていた。

0％を下回った2度目は，1990年代の前半のこと。その時期までは，株価や土地の価格が実態以上にふくれあがったバブル経済（バブル景気）といわれる経済状況が続いていた。

解答 ① 石油危機(または，オイル・ショック) ② バブル経済

パターンⅡ

次の図は，全国と沖縄県を比較した，1か月平均賃金と労働時間を業種別に表したものである。図から読み取れる内容として最も適当なものを後のア〜エのうちから1つ選び，記号で答えなさい。（　　　）　　　　　　　　　　　（沖縄県）

図

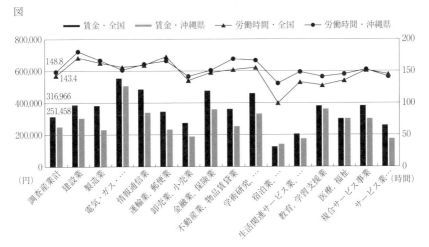

常用労働者の月間平均賃金・月間平均労働時間の比較（事業所規模5人以上）（平成29年平均）
『平成31年　沖縄県勢要覧』（沖縄県企画部統計課 2019年3月）より

ア　宿泊業の賃金は，沖縄県よりも全国の方が高いことがわかる。

イ　労働時間は，すべての業種で全国よりも沖縄県の方が長いことがわかる。

ウ　賃金が月40万円を超える業種は，全国では4つあるが，沖縄県は1つしかないことがわかる。

エ　全国でも沖縄県でも，労働時間が最も長い業種は，賃金が最も高いことがわかる。

解説

ア　宿泊業の資金は，沖縄県の方が全国よりも高い。

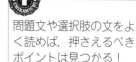

問題文や選択肢の文をよく読めば，押さえるべきポイントは見つかる！

イ　運輸業，郵便業などのように，全国の方が長い業種もある。

エ　全国でも沖縄県でも，賃金が最も高いのは電気・ガスだが，全国でも沖縄県でも，労働時間が最も長い業種とはなっていない。

解答　ウ

パターンⅢ−1

次の資料は，アフリカ州に対する農業支援計画について示したものの一部を要約したものであり，下の表は，この計画の成果を示したものである。資料と表から読み取れることを説明した文として最も適当なものを，後のア〜エまでの中から選んで，そのかな符号を書きなさい。（　　　　）　　　　（愛知県）

（資料）

【支援目標】　支援開始時のアフリカ（サハラ砂漠以南）の米の生産量を，2018年までに倍増させる。

（国際協力機構（JICA）「アフリカ稲作振興のための共同体」より）

（表）　アフリカ（サハラ砂漠以南）の米の生産量等

	米の生産量 （t）	米の栽培面積 （ha）	米の単位面積あたり 収穫量（t/ha）
支援開始時	14 246 000	7 340 000	1.94
2016年	32 631 892	z	2.11

（「FAO STAT」などをもとに作成）

ア　表中のzにあてはまる数値から考えて，米の生産量は，栽培面積の拡大よりも単位面積あたり収穫量の増大によって増加し，支援目標は計画よりも早く達成された。

イ　表中のzにあてはまる数値から考えて，米の生産量は，単位面積あたり収穫量の増大よりも栽培面積の拡大によって増加し，支援目標は計画よりも早く達成された。

ウ　表中のzにあてはまる数値から考えて，米の生産量は，栽培面積の拡大よりも単位面積あたり収穫量の増大によって増加し，支援目標は計画よりも遅れたものの達成された。

エ　表中のzにあてはまる数値から考えて，米の生産量は，単位面積あたり収穫量の増大よりも栽培面積の拡大によって増加し，支援目標は計画よりも遅れたものの達成された。

解説

支援目標は「支援開始時の米の生産量を2018年までに倍増させる」ことであり，2016年には既に2倍以上になっていることから，計画よりも早く達成されたことがわかる。また，「米の単位面積あたり収穫量」は大きく増加していないことから，収穫量の増加は「米の栽培面積」の拡大によるものだとわかる。zは32631892÷2.11から約15465351となる。

選択肢の文がややこしく思えるかもしれないが，必要な計算は単純なかけ算・わり算のみ。あせらず対応していこう！

解答　イ

パターンⅢ−2

次の資料Ⅰは，1975年から2015年における我が国の乳用牛の飼養戸数と飼養頭数の推移を表したものであり，資料Ⅱは，1975年から2015年における我が国の牛乳及び乳製品の国内生産量と輸入量の推移を表したものである。資料Ⅰと資料Ⅱから読み取れることについて述べた文として正しいものを，後のア〜エから1つ選び，その記号を書きなさい。（　　　　）　　　　　　　　　（高知県）

資料Ⅰ

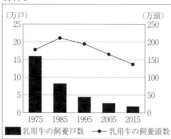

資料Ⅱ

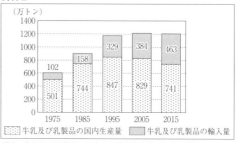

(注) 飼養戸数と飼養頭数は各年2月1日現在の数値。
（農林水産省の資料による）

(注) 牛乳及び乳製品の国内生産量と輸入量は年度の数値。
（農林水産省の資料による）

ア　1975年から2015年にかけて，乳用牛の飼養頭数が最も多いのは1975年であるが，牛乳及び乳製品の国内生産量が最も多いのは1995年である。

イ　1975年と2015年を比べると，牛乳及び乳製品の輸入量が2015年は1975年の5倍以上となっている。

ウ　1985年と2015年を比べると，乳用牛の飼養戸数と飼養頭数はともに2015年の方が少ないが，一戸あたりの飼養頭数は2015年の方が多い。

エ　1985年と2005年を比べると，牛乳及び乳製品の国内生産量と輸入量の合計は1985年より2005年の方が多く，その合計に占める国内生産量の割合も増えている。

解説

ア　「乳用牛の飼養頭数」が最も多いのは1985年。

イ　1975年の輸入量は102万トン，2015年は463万トンであり，5倍に満たない。

エ　国内生産量の割合は，1985年は約82％だが，2005年は約68％なので，減っている。

この問題では細かな計算も必要。比べる年が選択肢によって異なっていることにも注意しよう！

解答　ウ

▶▶▶▶ **実戦問題** ◀◀◀◀

パターンⅠ

1 次のグラフは福岡県の工業生産の変化を表したものである。なぜ，金属や化
学分野が減少したと考えられるか，その理由を説明しなさい。 （大阪高）

（ ）

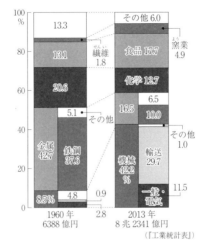

『工業統計表』

2 税制度について，図は，わが国の税制度の一つを模式的に示したものである。
この図のように納税者の支払い能力に応じて課税されるしくみが取り入れられ
た理由を，「税の負担を」の書き出しで書きなさい。 （福岡県）

（税の負担を ）

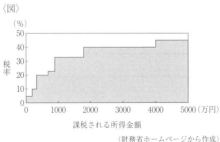

〈図〉

（財務省ホームページから作成）

3 次のグラフは，東京における最低気温 25℃以上の日数の変化をあらわしています。近年，ビルや商業施設が集中する東京の中心部では，気温が周辺地域よりも高くなる現象が見られます。この現象を何といいますか，答えなさい。

（　　　　　　　　）（阪南大学高）

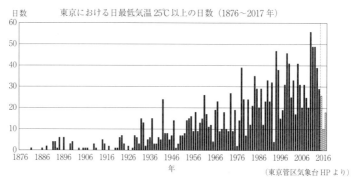

日数　東京における日最低気温 25℃以上の日数（1876〜2017 年）

（東京管区気象台 HP より）

4 次に示す 2000 年の人口ピラミッドにおいて点線で示している年齢層の人々は，1947 年から 1949 年の「第一次ベビーブーム」において生まれた世代です。この年齢層の人々を特に何といいますか。解答欄にあてはまるかたちで，漢字二字で答えなさい。（　　　　　　の世代）　　　　　　　　　　（立命館高）

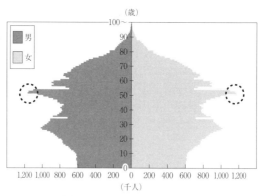

[厚生労働省ホームページ，第5回社会保障審議会資料より，
「日本の将来推計人口（平成 14 年 1 月推計）」図 5 (1)]

パターンⅡ

5 世界では，食料不足のために栄養不足の状態の人がいる一方で，生産された食料のおよそ3分の1が捨てられていることが，食料の生産と消費における課題となっている。図は，2011年に国際連合食糧農業機関が示した資料をもとに，ヨーロッパにおける，食用の穀物の供給量に占める五つの過程での廃棄量の割合，及び消費量の割合をそれぞれ示したものである。図における廃棄量の割合が高い上位二つの過程のそれぞれにおいて，穀物の廃棄量を減らすためにできる対策の例として適しているものを，後のア～オから2つ選び，記号を○で囲みなさい。（　ア　イ　ウ　エ　オ　）　　　　　　　（大阪府）

図　食用の穀物の供給量に占める五つの過程での廃棄量の割合，及び消費量の割合

（国際連合食糧農業機関の資料により作成）

ア　効率的に生産するために農業生産技術を向上させること。

イ　必要とする量に合わせて食品を購入するように消費者を啓発すること。

ウ　適切な温度や湿度の管理のもとで輸送できるシステムを構築すること。

エ　収穫してから市場に出荷するまで保管するための施設の改良を行うこと。

オ　食品を製造する過程において規格に合わないものなどを別の食品に利用すること。

6 表は，日清戦争と日露戦争の，日本の死者と戦費を示している。日本は日露戦争に勝利したが，1905年に結ばれた講和条約の内容に不満をもった人々による暴動がおこった。人々が講和条約の内容に不満をもった理由を，表から読み取れることに関連づけて，簡単に書きなさい。　（静岡県）

（　　　　　　　　　　　　　　　　　　　　　　　　　　）

表

	死者 （万人）	戦費 （億円）
日清戦争	1.4	2.3
日露戦争	8.5	18.3

注　「日本長期統計総覧」により作成

7 図は，2017 年の 5 月から 10 月までの 1 ユーロに対する円の為替レート（為替相場）について，月ごとの平均値の変化を示したものである。図において，為替レートは，a（ア　円高　イ　円安）傾向であり，このようなとき，わが国の貿易は一般的にb（ア　輸出　イ　輸入）が有利となる。a，b の（　　）の中から適当なものをそれぞれ 1 つずつ選び，記号で答えなさい。

図

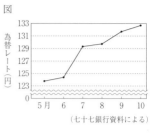

（七十七銀行資料による）

（熊本県）

　　　a（　　　　）　b（　　　　）

8　次の表は 1895 年から今日までに建てられた，茨城県と埼玉県の戦争碑の数をまとめたものである。この表について述べた下の文 X・Y の正誤の組み合わせとして正しいものを，後のア～エから 1 つ選び，記号で答えなさい。（　　　　）

（清風高）

時期区分		茨城県				埼玉県			
		忠魂碑	慰霊碑	記念碑	戦争碑	忠魂碑	慰霊碑	記念碑	戦争碑
A	1895～1905 年	2		6	8	1		15	16
B	1906～1916 年	31		13	44	41		96	137
C	1917～1930 年	80		1	81	76		9	85
D	1931～1945 年	36		1	37	24			24
E	1946 年～	129	77	2	208	79	73	22	174
	計	278	77	23	378	221	73	142	436

注）忠魂碑とは戦死者を記念するための碑である。
　　慰霊碑とは戦争や災害などで亡くなった人々を記念するための碑である。
　　忠魂碑・慰霊碑・記念碑をまとめて戦争碑という。

『史料　教養の日本史』より作成。

X　C の時期に建てられた戦争碑には，日中戦争に関係する戦争碑が含まれている。

Y　各時期の戦争碑の数は，両県とも A → D → B → C → E の順に増えている。

　　ア　X　正　　Y　正　　イ　X　正　　Y　誤
　　ウ　X　誤　　Y　正　　エ　X　誤　　Y　誤

9 表は，地球温暖化の大きな要因と考えられる CO_2（二酸化炭素）の国別の排出量の，2014 年における上位 13 か国を示したものである。W から Z は，それぞれインド，インドネシア，韓国，中国のいずれかの国を示している。表と解説を参考に 4 か国を当てはめていくと，Y がどの国に相当するか，後のアからエのうちから 1 つ選びなさい。（　　　）　　　　　　　　　　　（国立高専）

表

2014 年国別ランキング	国	CO_2 排出量(百万 t)		1 人当たり CO_2排出量(t)
		1990 年	2014 年	(2014 年)
1	W	2109	9135	6.66
2	アメリカ合衆国	4803	5176	16.22
3	X	530	2020	1.56
4	ロシア	2163	1468	10.20
5	日本	1041	1189	9.35
6	ドイツ	940	723	8.93
7	Y	232	568	11.26
8	イラン	171	556	7.12
9	カナダ	420	555	15.61
10	サウジアラビア	151	507	16.40
11	ブラジル	184	476	2.31
12	南アフリカ共和国	244	437	8.10
13	Z	134	437	1.72

（『地理統計 2017 年版』（帝国書院）より作成）

解説

　　CO_2 の排出は化石燃料の消費によるところが大きく，工業化の進んだ国で排出量は多くなる。古くからの先進工業国では，1990 年から 2014 年までの排出量は増加が比較的小幅に抑えられているかまたは減少している。一方，先進国より遅れて急激に工業化が進んだ新興国では，1990 年に比べて 2014 年の CO_2 排出量が著しく増加した。

ア　インド　　イ　インドネシア　　ウ　韓国　　エ　中国

パターンⅢ

10 日本の環境問題に関連して，日本における廃プラスチックについて【資料】から読み取れることとして最も適当なものを，後のア～エの中から1つ選び，記号を書きなさい。（　　　　） (佐賀県)

【資料】 2005年と2017年の日本における廃プラスチックの総排出量・有効利用量の比較

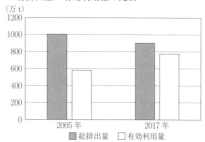

(一般社団法人　プラスチック循環利用協会ホームページより作成)

ア　2017年は2005年と比較して，総排出量と有効利用量は減少しており，有効利用率も低下している。

イ　2017年は2005年と比較して，総排出量は減少しているが，有効利用量は増加しており，有効利用率も上昇している。

ウ　2017年は2005年と比較して，総排出量は減少しているが，有効利用量は増加しており，有効利用率は低下している。

エ　2017年は2005年と比較して，総排出量と有効利用量は増加しており，有効利用率の変化はない。

※総排出量に占める有効利用量の割合

11 次の図はアジア州のマレーシアにおける輸出品と輸出総額を示している。図から読み取れる内容として最も適当なものを，後のア～エのうちから1つ選び，記号で答えなさい。（　　　　） (沖縄県)

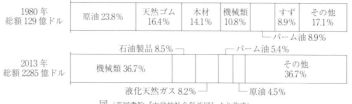

図 (帝国書院『中学校社会科地図』より作成)

ア　1980 年は，天然ゴムの輸出額が約 16 億ドルであることがわかる。

イ　1980 年は，鉱産資源だけで輸出総額の 60 ％以上をしめていることがわかる。

ウ　2013 年は，輸出総額が 1980 年の約 10 倍になっていることがわかる。

エ　2013 年は，1980 年に比べ輸出総額に占める工業製品の割合が増加していることがわかる。

12 地域紛争などがおこる背景には貧困問題があり，これらを解決するために日本政府は政府開発援助（ODA）を行っています。日本が発展途上国を直接支援する二国間援助では，無償資金協力と技術協力が行われています。資料 1，資料 2 より日本の二国間援助について読み取れることとして適切なものはどれか。後のア〜エまでの中から 1 つ選びなさい。（　　　　）　　　　　　　（滋賀県）

資料 1　日本の二国間援助とタイ・ベトナム
・カンボジアの 1 人あたりの GDP

国名	二国間援助(2017 年)(百万ドル)			1 人あたりの GDP(2017 年)（ドル）
	無償資金協力	技術協力	合計	
タイ	9.9	28.4	38.3	6,595
ベトナム	19.6	76.2	95.8	2,342
カンボジア	83.2	41.6	124.7	1,382
日本の二国間援助の合計（上記 3 か国以外を含む）	2,620.6	2,884.8	5,505.4	

合計は四捨五入の関係であわない場合がある。
※無償資金協力：返済義務を課さない資金協力。
※技術協力：技術，知識をもつ専門家の派遣など。

［「世界国勢図会 2019／20」「日本国勢図会 2019／20」より作成］

資料 2　タイ・ベトナム・カンボジアの
国内総生産（GDP）の変化

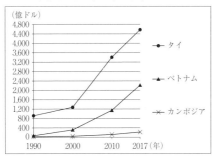

［「世界国勢図会 2019／20」より作成］

ア　日本の二国間援助については，国全体では無償資金協力が中心で，技術協
　　力の割合は全体で 3 割以下である。

イ　タイは経済成長がめざましいので，日本の二国間援助では無償資金協力を
　　1 割程度とし，技術協力に 9 割程度の資金を使っている。

ウ　カンボジアの経済成長は小さいので，日本の二国間援助では無償資金協力
　　と技術協力の割合を同じにして経済成長を促している。

エ　日本の二国間援助については，相手国の経済発展や状況により，無償資金
　　協力と技術協力の割合を変えている。

⓭　表，図から読み取れる全国と北海道の農業の特徴について述べた下の文 X，
　　Y について，その正誤の組み合わせとして適切なものを，後のア～エから 1 つ
　　選んで，その符号を書きなさい。（　　　　）　　　　　　　　　　　　　　（兵庫県）

表

(2015 年)

	全国	北海道
耕地面積（千 ha）	4,496	1,147
耕地面積（田）（千 ha）	2,446	223
人口（千人）	127,095	5,382
農業従事者（千人）	3,399	104

『データでみる県勢』より作成

図

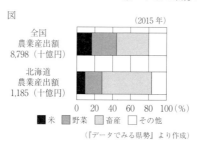

『データでみる県勢』より作成

X　耕地面積に占める田の面積の割合，農業産出額に占める米の割合とも北海
　　道が全国を下回っている。

Y　人口に占める農業従事者の割合は北海道が全国を上回っているが，農業従
　　事者 1 人あたりの農業産出額は，北海道が全国を下回っている。

ア　X—正　　　Y—正　　　イ　X—正　　　Y—誤

ウ　X—誤　　　Y—正　　　エ　X—誤　　　Y—誤

⒁ 次の図Ⅰは，訪日外国人旅行者数の推移を，図Ⅱは，訪日外国人旅行者に占める訪日回数1回目の旅行者と2回目以上の旅行者（訪日リピーター）の割合の推移を示したものである。図Ⅰ，図Ⅱから読み取れる内容について述べた文として最も適切なものを，後のア〜エから1つ選び，記号で答えなさい。

（　　　）（大阪学芸高）

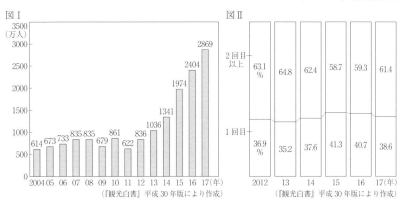

ア　2004年から2014年にかけての訪日外国人旅行者数は，いずれの年も1000万人を下回っており，2012年以降の訪日リピーターの割合は，いずれの年も60%を上回っている。

イ　2004年から2017年の間で訪日外国人旅行者数が最も少なかったのは，東日本大震災がおこった年であり，この翌年以降，訪日リピーターの割合は減少し続けている。

ウ　訪日外国人旅行者数が最も増えたのは2014年から2015年にかけてであり，2015年の訪日リピーターの数は1000万人を下回っている。

エ　2017年の訪日外国人旅行者数は，2004年から2017年の間で最も多く，2017年の訪日リピーターの数は，2012年以降で訪日リピーターの割合が最も高かった年の訪日外国人旅行者数より多い。

2 計算問題

▶▶▶▷ 解法のパターンと例題 ◁◀◀◀

パターンⅠ	時差の問題

➡ 出題の方法はさまざま。数多くの問題をこなそう！

（時差に関する計算問題は，入試問題に必ずと言ってよいほど出されている。「難しい」と敬遠するのではなく，得点源にしてしまおう！）

パターンⅡ	統計にからむ計算が必要な場合

➡ 難しい計算はほぼない。計算ミスに注意！

（「小数第2位を四捨五入しなさい。」や「整数で答えなさい。」などの条件を見おとすと，計算が合っていても得点にはならないので注意！）

パターンⅠ—1

　日本では，東経135度の経線で標準時を定めている。日本が2月15日午前8時のとき，シカゴは2月14日午後5時である。シカゴの標準時を定めている経度を書きなさい。なお，東経，西経については，解答欄の「東経」，「西経」のいずれかを ◯ で囲むこと。（　東経・西経　　　　　度）　　　　（千葉県）

解説

　シカゴと日本の時差は日付をまたいで15時間。経度差15度で1時間の時差が生じるので，2地点間の経度差は，15 × 15 から225度となる。225 − 135 = 90 から，

（経度差15度）＝（1時間の時差）
これだけは，絶対に忘れてはいけない！

本初子午線（経度0度）をはさんで西へ90度の位置でシカゴの標準時を定めているとわかる。

解答　西経90（度）

パターンⅠ−2

資料や地図を参考にして，ブラジリアが7月6日午後8時のとき，東京は何月何日の何時か，午前・午後の区別も入れて書きなさい。なお，サマータイムは実施されていないものとする。（　　　月　　　日　　　　時）（富山県）

資料

都市名	緯度	経度	標準時子午線
ブラジリア	南緯15度	西経47度	西経45度
東京	北緯36度	東経140度	東経135度

地図　緯線と経線が直角に交わる地図

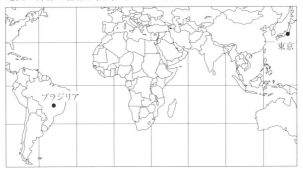

解説

経度差15度で1時間の時差が生じる。東京とブラジリアの経度差は標準時子午線で考えると180度（135度＋45度）なので，180÷15から時差は12時間。2地点を比べると，本初子午線（経度0度）をはさんで東に位置する東京の方が時間は進んでいることに注意する。

この問題では，「緯度」・「経度」ではなく，「標準時子午線」に注目することが大切。

解答
7（月）7（日）午前8（時）

パターン I −3

アメリカ合衆国は国土が広いため，地域によって標準時が異なります。表は大阪（標準時は GMT ＋ 9 時間）から図中のアの都市（標準時は GMT − 6 時間）の空港と，大阪から図中のイの都市（標準時は GMT − 8 時間）の空港への直通便のフライトスケジュールを示したものです。

※：GMT とは，グリニッジ標準時を示します。

大阪・ア間の所要時間と大阪・イ間の所要時間をそれぞれ答えなさい。ただし，大阪・ア間のフライトは経由地を要し，それぞれの航空機の速度やサマータイムは考慮しないものとします。　　　　　　　　　　　　　（大阪桐蔭高）

大阪・ア（　　　時間　　　分）　大阪・イ（　　　時間　　　分）

表

〈フライトスケジュール〉

大阪（関西国際空港・KIX）発　8:10 → ア（ORD）着　8:30

大阪（関西国際空港・KIX）発　17:45 → イ（LAX）着　12:35

図

解説

大阪と「ア：シカゴ」の時差は 9 ＋ 6 から 15 時間。シカゴの時間は大阪より 15 時間遅いから，大阪の出発時刻 8:10 のとき，シカゴは前日の 17:10。翌日のシカゴ到着時刻は 8:30 なので，所要時間は 15 時間 20 分となる。また，大阪と「イ：ロサンゼルス」の時差は 9 ＋ 8 から 17 時間。大阪の出発時刻 17:45 のとき，ロサンゼルスの時間は，17 時間前の 0:45。ロサンゼルス到着時刻は 12:35 なので，所要時間は 11 時間 50 分となる。

まずは大阪の出発時刻が，現地時刻の何時何分かを考える必要がある。

解答　（大阪・ア）15（時間）20（分）　（大阪・イ）11（時間）50（分）

パターンⅡ－1

旅行先で見かけた外国人の多さに関心をもった真一さんは，右の資料を見つけた。図は，資料をもとに，後の計算の方法と表記の方法にしたがって，外国人宿泊者数の増加率を表そうと作成中の主題図である。X県を塗るのは，ア〜エのうちではどれですか。1つ答えなさい。（　　　　）　　（岡山県）

資料　外国人宿泊者数（千人）

府県	2013 年	2018 年
三重	131	341
滋賀	132	413
京都	2 626	6 268
大阪	4 315	15 124
兵庫	507	1 260
奈良	165	439
和歌山	187	584
日本全体	33 496	94 275

（注）　宿泊者数は延べ人数である。

（観光庁 Web ページから作成）

ア 　イ ▦　ウ ▨　エ ▨

図　外国人宿泊者数の増加率（2013－2018 年）

計算の方法

例えば，日本全体の
増加率は，
$$\frac{94275}{33496} - 1 = 1.814\cdots$$
よって，181％となる。

表記の方法

■ 250％以上
▦ 200％以上 250％未満
▨ 150％以上 200％未満
▨ 150％未満

解説

　　X 県は和歌山県。増加率は 584 ÷ 187 － 1 から約 2.12 となるので，212 ％。200 ％以上 250 ％未満にあてはまることとなる。

解答　イ

「計算の方法」に従い，計算ミスをしないように。「表記の方法」の場合分けにも注意。

パターンⅡ－2

グラフは，2017 年の日本におけるブラジルからの輸入総額とその内訳を示したものです。グラフから読みとったことがらを述べた次の文の □□□ とグラフの □□□ に共通して当てはまる語句を書きなさい。また， | | に当てはまる語句を，ア～ウから選びなさい。　　（北海道）

語句（　　　　　　）　記号（　　　　）

グラフ

その他 35.0%
輸入総額 804,112 百万円
39.4%
肉類 13.1%
とうもろこし 6.1%
コーヒー 6.4%

（日本国勢図会 2018／19 年版より作成）

2017 年のブラジルとの貿易において，日本は，機械類や自動車部品の原料の一つである □□□ を輸入しており，その額はおおよそ | ア　3,200 億　イ　320 億　ウ　32 億 | 円である。

解説

鉄鉱石の輸入額は，（輸入総額）×（鉄鉱石の割合）÷ 100 で求められる。8041 億 1200 万円 × 0.394 を計算すると，約 3168 億 2013 万円となる。

> ★ちかみち★
> 計算をする際は，まず単位をそろえよう。「100百万円」は，1億円を示している。

解答　（語句）鉄鉱石　（記号）ア

▶▶▶▶ 実戦問題 ◀◀◀◀

パターンⅠ

1 モスクワについて，地図を見て後の問いに答えなさい。 (仁川学院高)

地図1

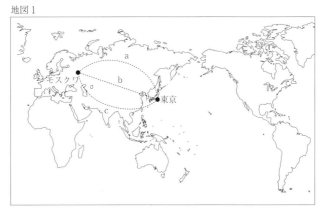

(1) 次の資料は，航空時刻表をもとに作成した成田（東京）からモスクワまでの行程表です。モスクワの標準時子午線の経度として正しいものを，後のア〜エの中から1つ選んで記号で答えなさい。（　　　）

資料

成田（東経135度）	10時間10分	モスクワ
9:30 発	→	13:40 着
	（時刻はいずれも現地時間を示している）	

ア　東経45°　　イ　東経60°　　ウ　東経75°　　エ　東経90°

(2) 成田からモスクワに飛行機で移動するときの最短コースに最も近いものを，地図2を参考にして地図1の……で示したa，b，cから1つ選んで記号で答えなさい。（　　　）

地図2

2 日本時間の1月6日午後1時に，日本に住む久子さんはサンフランシスコに留学した修二さんに電話をした。この時のサンフランシスコの日付と時間帯の組み合わせとして，最も適切なものは次のア～エのどれか。ただし，サンフランシスコの標準時は西経120度を基準とする。（　　　）　　　　　　（長崎県）

ア　1月5日の朝　　イ　1月7日の朝
ウ　1月5日の夜　　エ　1月7日の夜

3 2月10日正午（日本時間）に成田国際空港を出発した飛行機が13時間かけて，オタワ（西経75度）へ到着した場合，到着したときのオタワの日時を午前または午後を入れて答えなさい。ただし，サマータイムは考えないものとします。（　月　　日　　　時）　　　　　　　（福岡大附若葉高）

4 時差について述べた文として下線部が誤っているものはどれですか。

（　　　）（福岡工大附城東高）

ア　経度が15度違うと1時間の時差が生じる。
イ　本初子午線が通るロンドンと，標準時子午線を東経135度とする日本との時差は9時間である。
ウ　日本とロサンゼルス（西経120度）の時差は17時間である。
エ　日本が1月1日午前9時のとき，ロサンゼルスは1月2日午前5時である。

5 大阪を8月11日午前6時に出発した飛行機に搭乗した旅行者がソウルを経由し，ロンドンに到着したとき，ロンドンは8月11日午後2時であった。日本からソウルへの飛行時間は2時間，ソウルからロンドンへの飛行時間は13時間であるとき，乗り継ぎのためにソウルに滞在した時間を，次のア～エから1つ選び，記号で答えなさい。ただし，サマータイムは考えないものとする。

（　　　）（清風高）

ア　2時間　　イ　3時間　　ウ　4時間　　エ　5時間

6　A班は航空交通の発達により，果実が海外に輸出されていることを調べ，メモを書いた。図を参考にして，□□□に当てはまる数字を書きなさい。

（　　　　　　）（岐阜県）

[A班のメモ]
　日本からアメリカのニューヨークへ果実を輸送するときに，直行便を利用するとどのくらい時間がかかるのかを計算した。日本とニューヨークの時差は14時間である。図に示したように航空機で輸送する場合，計算上，輸送にかかる時間は□□時間となる。

[図]
東京の空港を離陸した時刻
1月13日午前11時

航空機で□□時間の輸送

ニューヨークの空港に着陸
した時刻
1月13日午前10時

7　アメリカの大統領がG20に参加するために，大阪に6月27日午後7時に到着した。飛行時間を15時間として，アメリカ時間でいつ出発したか，解答欄に従って答えなさい。ただし，アメリカの標準時子午線は西経75度とし，サマータイムはないものとする。（　　月　　日午　　時）

（東海大付大阪仰星高[改題]）

8　地図中の経線は30度ごとに引かれています。このことを参考に，後のア～エから首都と首都の時差が最も大きい国の組み合わせを1つ選び，記号で答えなさい。（　　　）

（立命館守山高）

地図

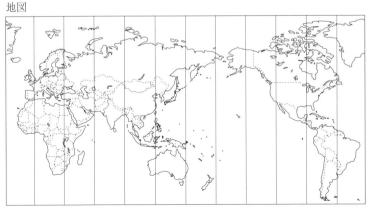

ア　ブラジルとオーストラリア　　イ　メキシコとオーストラリア
ウ　ブラジルとイギリス　　エ　メキシコとイギリス

パターンⅡ

9 表は, 2016年の参議院議員選挙時のA, B, Cの各選挙区の定数と有権者数を示している。表のA, B, Cの選挙区のうち, 有権者の一票の価値の差が最大となるのは, a(ア AとB　イ AとC　ウ BとC)の選挙区間であり, およそ b(ア 1.35　イ 3.08　ウ 9.24)倍の差がある。a, bの( )の中から適当なものをそれぞれ1つずつ選び, 記号で答えなさい。　　　(熊本県)

表

選挙区	定数	有権者数(人)
A	6	6093547
B	2	1506842
C	2	659353

(2016年6月21日現在「総務省資料」による)

a( )　b( )

10 牛肉を, アメリカから日本に輸入する時, ある店では1kgあたり10ドルで輸入している。このとき, 為替相場(為替レート)は1ドル=100円であった。その後, 為替相場が1ドル=80円に変化した場合, 牛肉の輸入価格はどのように変化するか。次の文の空欄　A　～　D　に入る語句の組み合わせとして最も適当なものを後のア～エのうちから1つ選び, 記号で答えなさい。

( )(沖縄県)

1ドル=100円の時, 牛肉を1kg輸入するときの価格は　A　円だったが, 1ドル=80円になると価格は　B　円になる。これを　C　といい,　D　するのに有利である。

ア　A—800　　　B—1000　　　C—円高　　　D—輸出

イ　A—1000　　　B—800　　　C—円安　　　D—輸入

ウ　A—800　　　B—1000　　　C—円安　　　D—輸出

エ　A—1000　　　B—800　　　C—円高　　　D—輸入

11 比例代表制の, ある選挙区において, 表のような投票結果になった。定数が5議席で, ドント式で議席を配分した場合, 表中のB党に配分される議席数を書きなさい。( )　　　(富山県)

表

	A党	B党	C党	D党
得票数	1800	1500	960	720

⓬　家畜の飼育には，飼料の栽培も含めて水資源の確保が不可欠です。地球上の水の循環についての次の文を読み，（　　　）に該当する数字を答えなさい。

（　　　　　　　　）（近畿大泉州高）

　地球上の降水量のうち，陸地に降る割合は 21 ％，海に降る割合は 79 ％である。逆に蒸発（蒸散を含む）量は，陸地からの割合が 14 ％，海からの割合が 86 ％になる。このことから，地球上の全降水量の（　　　）％にあたる量が，陸地から海へと流れ出ていることがわかる。

⓭　中学生はスーパーマーケット SEIRYO で買い物をし，右のレシートを受け取った。後日，レシートの上にインクをこぼしてしまったため，読み取れない部分がある。この買い物で支払った合計金額はいくらか，計算して答えなさい。ただし，1 円未満の端数計算は「切り捨て」で計算すること。（　　　　　　円）　　　　　　（大阪青凌高）

SEIRYO
スーパーマーケット
住所：大阪府高槻市前島3-2-1
電話：072-669-××××
2020年2月××日
レジ #2　責：00000001
【領収書】
※牛肉　　　　　370
※バナナ　　　　158
箱ティッシュ　　258
水切りネット　　100
※牛乳　　　　　208
合計
※軽減税率対象
(内消費税等
8%対象　　計¥736
●●対象　　計¥
上記正に領収しました

3 作図問題

▶ ▶ ▶ ▶ ▶ 　解法のパターンと例題　◀ ◀ ◀ ◀

パターンⅠ 　数値をそのままうつせばよい場合

➡ 表やグラフにそのまま反映させる！

（表やグラフの作成に慣れているかどうかを問われている。
あせらず，数値のとり間違いにだけ気をつければOK！）

パターンⅡ 　知識を必要とする場合

➡ 自然地形や都道府県・国の位置などに注意！

（地図帳の利用は地理の学習の基本。常にそばに置き，位
置のチェックは入念にしておこう！）

パターンⅢ 　計算を必要とする場合

➡ ここでも難しい計算はないが，計算ミスに注意！

（計算結果を解答に反映するときは，単位などの確認ミス
もないようにしよう！）

パターンⅠ

　Tさんは，ラグビーワールドカップをきっかけに，ラグビーの競技人口にも
興味をもち，後の表の資料をもとに次の図のような統計地図を作成することに
した。図中の未記入の二つの県について，記入されている都県の例にならって
作業を行い，図を完成させなさい。

(山口県)

図　関東地方のラグビー競技人口

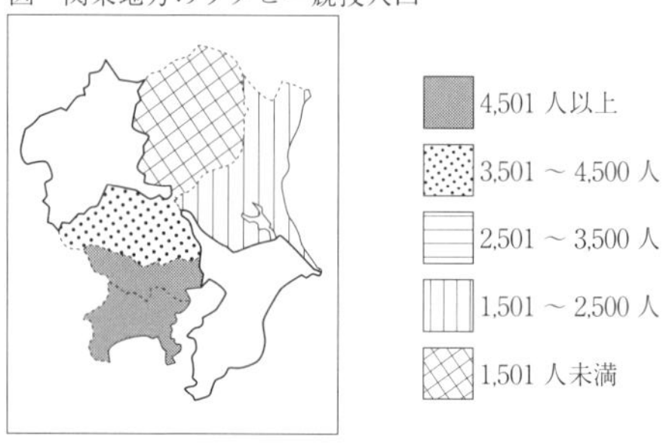

4,501 人以上

3,501 ～ 4,500 人

2,501 ～ 3,500 人

1,501 ～ 2,500 人

1,501 人未満

表

都県名	ラグビー競技人口（人）
茨城県	1,809
栃木県	676
群馬県	1,916
埼玉県	4,178
千葉県	3,125
東京都	13,153
神奈川県	7,098

（注）　ラグビー競技人口は，日本ラグビーフッ
トボール協会に登録されている人数で
ある。

（日本ラグビーフットボール協会
2018年度事業報告により作成）

解説

図中で空欄となっている群馬県と千葉県の2県
の数値を確認する。

解答

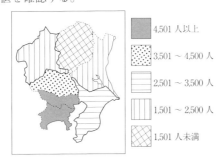

数値の計算ではなく，
都県の位置が問われて
いる問題。

パターンⅡ

右の地図に，日本海流（黒潮）と対馬海流の流れ
をかき込みなさい。ただし，日本海流は実線矢印
（—→），対馬海流は破線矢印（---→）で書きなさい。

（富山県）

解説

日本海流は，フィリピンの東の海域を源とし，日本列島の太平洋側を北上する暖流。対馬海流は，沖縄付近で日本海流から分岐し，対馬海峡を通って日本海を北上する。

持っている知識を正確に図やグラフに表せる訓練が必要。

解答

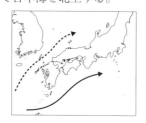

パターンⅢ

次の資料Ⅰは，2016 年における中部地方の各県の農業産出額とその品目別の内訳をまとめたものである。桜さんは，中部地方の農業の特色について調べる中で，中部地方には特定の農産物の産出額の割合が高い県がある一方で，愛知県のように多様な農産物の生産が幅広く行われている県もあることを知った。桜さんは，農業産出額に占める最上位品目の割合が 50 ％未満である県は，多様な農産物の生産が幅広く行われているのではないかと考え，資料Ⅰをもとにして中部地方の略地図である資料Ⅱ中に，農業産出額に占める最上位品目の割合が 50 ％未満であった愛知県を黒く塗って示した。資料Ⅰ中の愛知県を除く残りの県のうちから，愛知県と同様に，農業産出額に占める最上位品目の割合が 50 ％未満である県をすべて選び，資料Ⅱの略地図中で，その県にあたる部分をすべて黒く塗って示しなさい。

(京都府)

資料Ⅰ　2016年における中部地方の各県の農業産出額とその
品目別の内訳（単位：億円）

	農業産出額	米	野菜	果実	畜産	その他
愛知県	3,154	276	1,127	207	875	669
新潟県	2,583	1,484	386	80	499	134
長野県	2,465	454	897	557	305	252
静岡県	2,266	196	700	331	490	549
岐阜県	1,164	216	361	56	440	91
山梨県	899	56	141	541	84	77
富山県	666	448	61	22	98	37
石川県	548	283	108	30	95	32
福井県	470	288	89	9	52	32

資料Ⅱ

「データでみる県勢 2019 年版」より作成

解説

　　農業産出額に占める最上位品目の割合は，（最
上位品目の金額）÷（農業産出額）× 100 で求めら
れる。計算すると，新潟県は約 57 %，長野県は
約 36 %，静岡県は約 31 %，岐阜県は約 38 %，
山梨県は約 60 %，富山県は約 67 %，石川県は約
52 %，福井県は約 61 %となる。よって，50 %未満の長野県・静岡県・岐阜
県を黒く塗る。

作図の場合の計算は，
ほとんどが割合を求め
るもの。割り算のミス
をなくそう。

解答

▶▶▶▶ **実戦問題** ◀◀◀◀

パターンⅠ

1 表は，1975年から2015年までの期間におけるある国から日本への輸入総額を5年ごとに示したものです。グラフは，表の数値をもとにして作成したものですが，グラフの一部が未完成となっています。未完成の部分をかき入れ完成させなさい。また，表やグラフから読みとれることがらを述べた文として最も適当なものを，ア～エから選びなさい。　　　　　　　　　　　　　　（北海道）

　記号（　　　）

表

項目＼年	1975	1980	1985	1990	1995	2000	2005	2010	2015
輸入総額（百億円）	26	35	44	46	37	32	49	86	91

（財務省「貿易統計」より作成）

グラフ

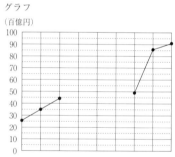

ア　輸入総額をそれぞれ5年前と比較すると，増加したのは4度ある。

イ　輸入総額をそれぞれ5年前と比較すると，減少したのは3度ある。

ウ　輸入総額の最も多い年は，1990年のおおよそ3倍である。

エ　輸入総額の最も少ない年は，2005年のおおよそ半分である。

パターンⅡ

2 次の図は，南アメリカ大陸のおおよその形を直線でかこうとしているものです。図中の最も適当な•印を結ぶ2本の直線をかき加え，南アメリカ大陸のおおよその形を完成させなさい。 (岩手県)

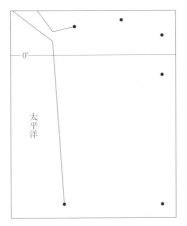

3 次の表は，東北地方における県別の農産物栽培面積に占める農産物 Y の割合を表している。後の(1)，(2)の問いに答えなさい。 (福島県)

表 東北地方における県別の農産物栽培面積に占める農産物 Y の割合（2016 年）

青森県	岩手県	宮城県	秋田県	山形県	福島県
18.1 %	2.9 %	1.4 %	2.1 %	9.6 %	6.2 %

(日本の統計 2019 年版により作成)

(1) 右の地図は，上の表を参考にして主題図を作成している途中のものである。凡例にしたがって，残りの4県を塗り分け，主題図を完成させなさい。

(2) 農産物 Y にあてはまるものを，次のア〜エの中から1つ選びなさい。（　　　）

ア 稲　イ 麦類　ウ 野菜　エ 果樹

地図

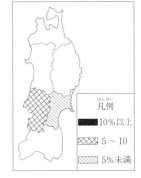

凡例
■ 10%以上
▨ 5 〜 10
▧ 5%未満

4 次の図は好況・後退・不況・回復の4つの局面をあらわしたものです。●はそれぞれの局面の境目を示しています。回復にあたる点線部分を，2つの●をつないで実線にしなさい。 (九州国際大付高)

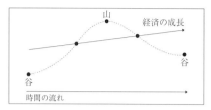

5 右の図は，資料中のP—Q—R間の断面を唯さんが模式的に表そうとしたものであり，図中の点線（………）のうち，いずれかをなぞると完成する。右の図中の点線のうち，P—Q—R間の断面を表している点線をすべてなぞって，実線（——）で示しなさい。 (京都府)

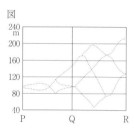

資料　(昭和50年国土地理院発行2万5000分の1地形図「別府西部」より作成)

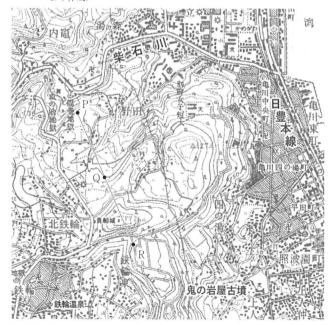

パターンⅢ

6 次の表は，架空の自治体の財政収入を示したものである。この表をもとに解答欄のグラフを作成しなさい。必ず表の項目順に左から並べてグラフを作成しなさい。

（四天王寺高）

（単位：億円）

区分	県税	地方贈与税	国庫支出金	県債	その他	収入合計
金額	55020	2358	3144	1572	16506	78600

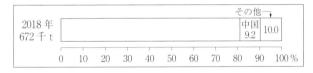

7 日本では，1995 年以降，一定量の米を輸入するようになった。資料は，2018 年の日本における米の輸入先の国名と輸入量を示したものである。資料をもとに，輸入量の国別割合がわかるように，解答欄のグラフを完成させなさい。なお，割合は百分率で表し，小数第 2 位を四捨五入し，小数第 1 位まで示すこと。また，定規は使わなくてもよい。

（奈良県）

［資料］

国名	輸入量 （千 t）
アメリカ	296
タイ	247
中国	62
その他	67
合計	672

（農林水産省 Web ページ
より作成）

2018 年
672 千 t

その他
中国 9.2　10.0

0　10　20　30　40　50　60　70　80　90　100 %

4 短文説明の問題

▶▶▶▶ 解法のパターンと例題 ◀◀◀◀

パターンI 資料がついている場合

➡ 統計を使った問題と同じ考え方で!

（統計や写真など解答のポイントとなる点を素早く，かつ的確に見つけ，さらに計算が必要な場合は計算のミスがないように気をつけよう!）

パターンII 制限がついている場合

➡ 字数指定や語句指定がある問題に注意!

（指定された制限を無視すれば，どれだけ量を書いても点数には結びつかない。また，どのような語句が指定されているのかをしっかり見極めよう!）

パターンIII 資料や制限が何もない場合

➡ このパターンは意外にも難問が多い。じっくり取り組もう!

（自分の意見を問われるタイプの問題なら，とにかく書ききることを重視すればよいが，知識が必要なタイプの問題は，解答することが難しい場合も多い。日ごろから知識を増やす訓練は欠かさずやっておこう!）

パターンI

外国企業の進出もあり，タイやマレーシアでは資料に見られるような変化があった。タイやマレーシアの輸出品目と輸出総額の変化の特徴について，資料をもとに答えなさい。　　　　　　　　　　　　　　　　　　　（鹿児島県）

（　　　　　　　　　　　　　　　　　　　　　　　　　　　　　　　　）

資料　タイとマレーシアの輸出品目と輸出総額

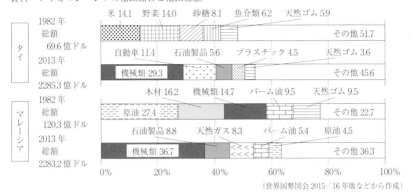

（世界国勢図会 2015／16 年版などから作成）

解説

　　タイやマレーシアは，日本やアメリカなどの企業を受け入れて工業化を進め，貿易を拡大してきた。

解答　主な輸出品目が農産物や工業の原料から工業製品に変わり，輸出総額が増加した。（同意可）

参考とする資料にどのような情報があるのかを，素早く読みとれるように練習を重ねるとよい。

パターンⅡ

　日本の工業に関して真一さんがまとめた次の文の　　　　に当てはまる適当な内容を，「工場」「製品」という 2 つのことばを用いて書きなさい。（岡山県）

（　　　　　　　　　　　　　　　　　　　　　　　　　　　　　　　　　）

　　日本の工業は，阪神・中京・京浜などの工業地帯を中心として，主に加工貿易を通して発展してきました。しかし，1980 年代以降の，他国との貿易上の対立や円高の急激な進行，不況の長期化などに対応するため，　　　　　　　　　ようになった企業が増えました。こうして，産業の空洞化が進むことになりました。

解説

　「加工貿易」とは，原材料や燃料を海外から輸入し，国内の工場で製品や半製品に加工したものを輸出する貿易のこと。円高が急速に進行した1980年代以降，現在の日本ではこの貿易形態が変化してきており，特に近年では海外から製品を輸入することも増えてきている。

語句指定や字数指定はわずらわしい制限ではなく，ヒントとして使えることが多い。

解答　工場を海外にもつくって，製品の現地生産をすすめる（同意可）

パターンⅢ

　最初の土一揆では，土倉や酒屋に加えて寺院も襲われた。最初の土一揆をおこした人々が寺院を襲った理由は，土倉や酒屋を襲った理由と同じである。最初の土一揆をおこした人々が寺院を襲った理由を，最初の土一揆をおこした人々が要求したことに関連づけて，簡単に書きなさい。

（静岡県）

（　　　　　　　　　　　　　　　　　　　　　　　　　　　　）

解説

　土一揆は，惣をつくって団結を強めた農民らが，高利貸業者の土倉や酒屋などを襲い，借金の帳消しを求めることが多かった。なお，「最初の土一揆」とは，1428年（室町時代）に起こった正長の土一揆のこと。

理解しているはずの内容が文章に表現できないときは，まだ理解が足りないと考えたほうがよい。

解答　徳政を要求しており，寺院が高利貸しをしていたから。（または，借金の帳消しを要求しており，寺院がお金の貸し付けを行っていたから。）（同意可）

▶▶▶▶ **実戦問題** ◀◀◀◀

パターンⅠ

1 図の・は，わが国における石油化学コンビナートの所在地を示したものである。また，表は，2016 年におけるわが国の原油の産出量と輸入量を示したものである。図から読み取れるわが国における石油化学コンビナートの立地の特徴を，表から読み取れることと関連付けて説明しなさい。 　　(熊本県)

（ 　　　　　　　　　　　　　　　　　　　　　　　　　　 ）

図

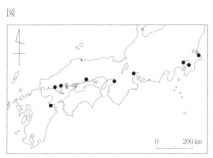

（「日本国勢図会 2019／20」による）

表

産出量（万 t）	輸入量（万 t）
19	15617

（「日本国勢図会 2019／20」による）

2 グラフⅠは，1925 年から 1931 年におけるわが国の生糸輸出総額の推移を，グラフⅡは，1925 年におけるわが国の生糸輸出総額に占める輸出相手国の内訳と割合を示している。これらのグラフをみて，1925 年から 1931 年における生糸輸出総額の変化とその背景について，当時の世界でおこったできごとと関連づけながら簡潔に書け。ただし，具体的な数値を示す必要はない。 　　(長崎県)

（ 　　　　　　　　　　　　　　　　　　　　　　　　　　 ）

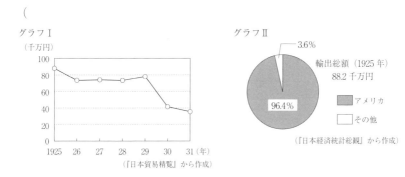

3 美奈さんは,「循環型社会の一層の実現をめざして」をテーマに, プラスチックを取り巻く状況について調べ, ノートを作成した。ノートをみて, 問いに答えなさい。 (福岡県)

〈ノート〉

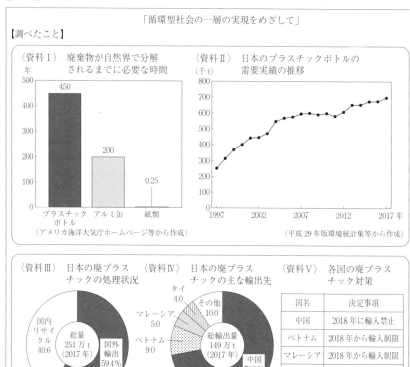

「循環型社会の一層の実現をめざして」

【調べたこと】

〈資料Ⅰ〉 廃棄物が自然界で分解されるまでに必要な時間
（アメリカ海洋大気庁ホームページ等から作成）

〈資料Ⅱ〉 日本のプラスチックボトルの需要実績の推移
（平成 29 年版環境統計集等から作成）

〈資料Ⅲ〉 日本の廃プラスチックの処理状況
総量 251 万 t（2017 年）／ 国内リサイクル 40.6／ 国外輸出 59.4%
（令和元年版「環境白書」等から作成）

〈資料Ⅳ〉 日本の廃プラスチックの主な輸出先
総輸出量 149 万 t（2017 年）／ 中国 72.0%／ ベトナム 9.0／ マレーシア 5.0／ タイ 4.0／ その他 10.0
（財務省ホームページ等から作成）

〈資料Ⅴ〉 各国の廃プラスチック対策

国名	決定事項
中国	2018 年に輸入禁止
ベトナム	2018 年から輸入制限
マレーシア	2018 年から輸入制限
タイ	2021 年に輸入禁止

（環境省ホームページ等から作成）

【考えたこと】

○ 資料Ⅰ, Ⅱから, 今後, 自然環境に影響が生じる可能性がある。その理由の一つは,〔　Ａ　〕からである。

○ 資料Ⅲ～Ⅴを関連づけると, 輸出相手国の多くが〔　Ｂ　〕というおそれがある。

○ 循環型社会とは,〔　Ｃ　〕というような社会をいう。これは, 環境への負荷をできる限りなくす社会のことである。今後は, 循環型社会の一層の実現をめざしていきたい。

問い　資料から読み取れることをもとに,〔　Ａ　〕～〔　Ｃ　〕にあてはまる内容を書きなさい。

A（　　　　　　　　　　　　　　　　　　　　　　　　　　　）

B（　　　　　　　　　　　　　　　　　　　　　　　　　　　）

C（　　　　　　　　　　　　　　　　　　　　　　　　　　　）

パターンⅡ

4　12月から3月において，ロンドンが，札幌やニューヨークと比べて温暖なのはなぜか，その理由を，海流と風に着目して，「ロンドンは，」に続けて書きなさい。　　　　　　　　　　　　　　　　　　　　　　　　　　（三重県）

（ロンドンは，　　　　　　　　　　　　　　　　　　　　　　　　　）

5　人々が自立して生活できるようにすることについて，次の　　　　に当てはまることがらを，「労働」，「公正」という2つの言葉を用いて，簡潔に書きなさい。　　　　　　　　　　　　　　　　　　　　　　　　　　　　（岐阜県）

（　　　　　　　　　　　　　　　　　　　　　　　　　　　　　　）

　貧困問題を解決するための取り組みの一つとして，フェアトレードが注目されている。フェアトレードは，途上国の人々が生産した農産物や製品を，　　　　　　　　　　で取り引きし，先進国の人々が購入することを通じて，途上国の生産者の経済的な自立を目指す運動である。

6　室町時代の後半の戦国時代のころ，ポルトガル人やスペイン人は，アジアへの新航路を開拓し，日本にも来航するようになった。ポルトガル人やスペイン人が新航路を開拓した理由を，イスラム商人，価格，直接ということばを使って書きなさい。　　　　　　　　　　　　　　　　　　　　　　　　（鹿児島県）

（　　　　　　　　　　　　　　　　　　　　　　　　　　　　　　）

7　江戸幕府の改革に関連して，江戸幕府の老中であった田沼意次が，幕府の財政を立て直すため，貿易や開発に力を入れたことのほかに，商工業者に対して行った政策の内容を，「税」という語を用いて説明しなさい。　　　　（山口県）

（　　　　　　　　　　　　　　　　　　　　　　　　　　　　　　）

8 衆議院議員に関して，法律案の議決や内閣総理大臣の指名など，国会における
いくつかの重要な議決については，衆議院と参議院の議決が一致しない場合，
衆議院の議決が優先される。その理由を解答欄の「衆議院は」に続けて簡潔に
書きなさい。ただし，次の語を必ず用いること。 (長崎県)

（衆議院は　　　　　　　　　　　　　　　　　　　　　　　　　　　　　）

語　任期　　国民

パターンⅢ

9 ゆうこさんは，京都市を訪れた際，外観が佐賀県でよく見るものとは異なる
コンビニエンスストアがあることに気付いた。このことについて述べた【説明
文】の $\boxed{}$ にあてはまる内容を簡潔に書きなさい。 (佐賀県)

（　　　　　　　　　　　　　　　　　　　　　　　　　　　　　　　　）

【説明文】

> 京都市では歴史的な $\boxed{}$ ことを目的として，建物の高さやデザインなどに規制を設けるなどの取り組みを行っている。

10 アフリカ大陸には，直線的な国境線が見られます。その理由を，歴史的背景
に着目して，簡潔に書きなさい。 (和歌山県)

（　　　　　　　　　　　　　　　　　　　　　　　　　　　　　　　　）

11 日本銀行には，「発券銀行」，「政府の銀行」，「銀行の銀行」というおもな役割
があります。このうち，「銀行の銀行」とよばれる役割について説明しなさい。

(埼玉県)

（　　　　　　　　　　　　　　　　　　　　　　　　　　　　　　　　）

12 保元の乱・平治の乱について，この2つの乱のあと武士の立場はどのように
変化していったか。簡単に説明しなさい。 (精華女高)

（　　　　　　　　　　　　　　　　　　　　　　　　　　　　　　　　）

解答・解説
近道問題

1. 統計を使った問題

1 1960 年代以降，エネルギー革命が起こり，エネルギーの中心が石炭から石油へ変化し，それにともない鉄鋼の生産量が大幅に減少したから。(同意可)

2 (税の負担を)公平(または，公正)にすることができるから。(同意可)

3 ヒートアイランド現象

4 団塊(の世代)

5 イ・オ

6 日清戦争と比べて死者や戦費が増えたが，賠償金が得られなかったから。(同意可)

7 a. イ b. ア

8 エ

9 ウ

10 イ

11 エ

12 エ

13 イ

14 エ

◇ 解説 ◇

1 1901 年に八幡製鉄所が操業を開始して以降，福岡県は鉄鋼業を中心に工業が発展してきたが，現在は自動車工業などがさかんになっている。

2 図のような制度を累進課税制度といい，高所得者と低所得者との間の納税後の収入を近づけて格差を小さくするしくみになっている。

3 都市部は，アスファルトやコンクリートの熱吸収，ビルの冷暖房機による排気熱などによって気温が高くなりやすい。

4 太平洋戦争が終結して兵士が日本に帰還し，出生数が大幅に増加したことで「第一次ベビーブーム」が起きた。なお，団塊の世代が親の世代となり，彼らの子どもたちが増えた 1971 年から 1974 年にかけては「第二次ベビーブーム」が起きた。

5 図において廃棄量の割合が高い上位二つの過程は「消費過程での廃棄量」と「加工・包装過程での廃棄量」。「消費過程での廃棄量」を減らすためにはイ，「加工・包装過程での廃棄量」を減らすためにはオの対策が適切と考えられる。

6 日露戦争中の日本の国民は増税にも耐え，戦争に協力していたため，日清戦争後の下関

条約のように賠償金が得られることを期待していた。

7 a. 外国通貨に対する円の価値が下がることを円安という。図より，5 月以降，ユーロに対して円の価値が低くなっていることがわかる。

b. 円安の場合，日本からの輸出品が外国では割安になるため，輸出量は増加する。

8 X. 日中戦争は，1937 年に起きた盧溝橋事件をきっかけとして始まった。

Y. 埼玉県では，A → D → C → B → E の順に増えている。

9 4 か国のうち，韓国は 1990 年の時点ですでに先進国並みの経済成長をとげていたため，「1990 年から 2014 年までの排出量は増加が比較的小幅に抑えられている」国に該当する。W が中国，X がインド，Z がインドネシア。

10 「有効利用率」は，（有効利用量）÷（総排出量）で計算できる。2017 年の有効利用率は，2005 年と比較して上昇している。

11 ア．輸出額は 129（億ドル）× 0.164 ≒ 21（億ドル）となる。

イ．鉱産資源は原油（23.8 %）とすず（8.9 %）なので，輸出総額の 60 % に満たない。

ウ．2285 ÷ 129 ≒ 17.7 なので，10 倍を超えている。

12 ア．国全体では，無償資金協力よりも技術協力の割合の方が少し高い。

イ．タイへの無償資金協力は 25 % 程度になっている。

ウ．カンボジアに対しては無償資金協力の割合の方が高い。

13 Y. 農業従事者 1 人あたりの農業産出額は，北海道が全国を上回っている。

14 ア．2013 年と 2014 年の訪日外国人旅行者数は 1000 万人を上回っており，2015 年と 2016 年の訪日リピーターの割合は 60 % を下回っている。

イ．東日本大震災が起こった 2011 年以降の訪日リピーターの割合は，減少し続けているわけではない。

ウ．2015 年の訪日リピーターの数は約 1159 万人。

2. 計算問題

1 (1) ア　(2) a
2 ウ
3 2（月）10（日）午前 11（時）
4 エ
5 ア
6 13
7 6（月）26（日 午）後 2（時）
8 イ
9 a．イ　b．イ
10 エ
11 2〔議席〕
12 7
13 1187（円）

◇ 解説 ◇

1 (1) モスクワ到着時の日本時間は 19:40 なので，時差は 6 時間。経度差 15 度で 1 時間の時差が生じるので，経度差は 90 度。日本の標準時子午線は東経 135 度であることに注意。
(2) 地図 2 で 2 地点間を直線で結ぶと，シベリアあたりを通ることがわかる。

2 経度差 15 度で 1 時間の時差が生じる。日本とサンフランシスコとの経度差は 255 度（135 度＋ 120 度）なので時差は 17 時間。本初子午線をはさんで東にある日本の方が時間は進んでいるので，サンフランシスコの現地時間は 1 月 5 日午後 8 時となる。

3 オタワ到着時の日本時間は，13 時間後の 2 月 11 日午前 1 時。東経 135 度の日本と西経 75 度のオタワとの経度差は 210 度。経度差 15 度で 1 時間の時差が生じるので，210 ÷ 15 から時差は 14 時間となる。本初子午線をはさんで東に位置する日本の方が時間は進んでいるので，日本時間の 14 時間前となる。

4 日本はロサンゼルスよりも時刻が進んでいるので，日本が 1 月 1 日午前 9 時のときのロサンゼルスは 17 時間遅い 12 月 31 日午後 4 時になる。

5 大阪とロンドンの経度差は 135 度。経度差 15 度につき 1 時間の時差が生じるから，135 ÷ 15 を計算して時差は 9 時間とわかる。大阪の方が 9 時間早いので，大阪を出発したときのロンドンの時間は 8 月 10 日午後 9 時。到着時刻は 11 日の午後 2 時なので，17 時間かかったことになる。そこから飛行時間の合計である 15 時間を引くと，ソウルでの滞在時間がわかる。

6 東京の時間から 14 時間を戻すとニューヨークの時間になる。よって，飛行機の出発時

刻は，ニューヨークの 1 月 12 日午後 9 時となる。

7 日本は東経 135 度を標準時子午線としているため，アメリカとの経度差は 210 度。経度差 15 度で 1 時間の時差が生じるので，日本とアメリカの時差は 14 時間。よって，大阪に到着した時間は，アメリカでは 6 月 27 日午前 5 時。ここから飛行時間を引けばよい。

8 地図から，アはおよそ 210 度で 14 時間，イはおよそ 240 度で 16 時間，ウはおよそ 60 度で 4 時間，エはおよそ 90 度で 6 時間の時差があると考えられる。

9 表より，各選挙区の議員一人当たりの有権者数を比較する。（有権者数÷定数）で求めると，A は約 101.6 万人，B は約 75.3 万人，C は約 33.0 万人となる。

10 外国の通貨に対し，円の価値が上がることを円高という。円高になると，日本にとって海外製品の輸入が割安になるので，輸入が有利になり，逆に輸出が不利になる。

11 ドント式では各政党の得票数をそれぞれ 1，2，3…と整数で割っていき，商の大きい順に議席を配分する。A 党は 2 議席，B 党は 2 議席，C 党は 1 議席獲得できる。

12 陸地からの蒸発の割合が陸地に降る割合より 7 ％減っており，海からの蒸発の割合が海に降る割合より 7 ％増えているので，全降水量のうち 7 ％が陸地から海へと流れ出ていると考えられる。

13 ※が付いている軽減税率対象の商品は消費税が 8 ％なので，736 × 1.08 ＝ 794.88（円）その他の商品は消費税が 10 ％なので，（258 ＋ 100）× 1.1 ＝ 393.8（円）　小数点以下を切り捨てて計算すると，794 ＋ 393 ＝ 1187（円）となる。

3．作図問題

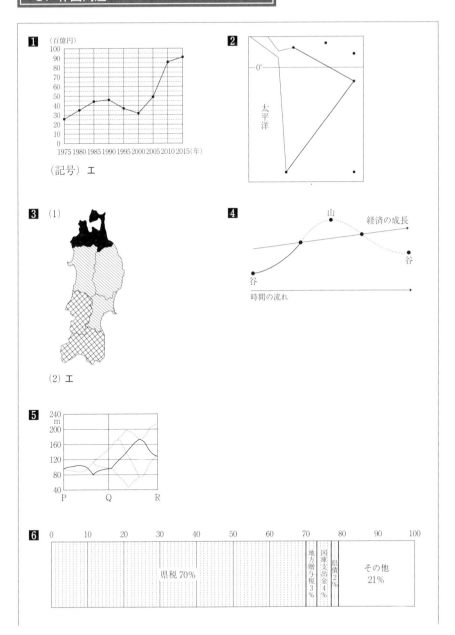

1 （記号）エ

3 (1)
(2) エ

7

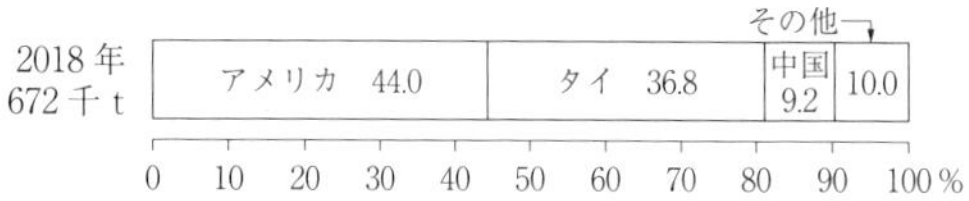

2018 年 672 千 t	アメリカ 44.0	タイ 36.8	中国 9.2	その他 10.0

```
0  10  20  30  40  50  60  70  80  90  100 %
```

◇ **解説** ◇

1 ア．増加したのは 6 度ある。

イ． 減少したのは 2 度ある。

ウ．「3 倍」ではなく，およそ 2 倍が正しい。

2 赤道（緯度 0 度）をななめにまたぎ，南端をつき出すように直線をかき加える。

3 (1) 残りの 4 県とは，青森県・岩手県・秋田県・福島県。

(2) 青森県はりんご，山形県はさくらんぼ，福島県はももの生産がさかん。

4 図の左の区間から回復，好況，後退，不況の順。

5 P から Q にかけて谷を通っている点，その後，標高が上がった後，「貴船城」から R にかけてが下りの急斜面となっていることが等高線からわかる。

6 （各項目）÷（収入合計）× 100 で割合を求めてグラフを作成する。

7 （各国からの輸入量）÷（輸入量合計）× 100 の値をグラフに書き込む。

4. 短文説明の問題

1 原料となる原油を輸入しやすい臨海部に立地している。（同意可）

2 わが国の主たる生糸輸出相手国であるアメリカからはじまった世界恐慌の影響により，わが国の生糸輸出総額が減少した。（同意可）

3 A．自然界で分解されにくいプラスチックボトルの需要が増加している（同意可）

B．輸入を規制するため，日本の廃プラスチックの処理が困難になる（同意可）

C．廃棄や消費を抑制し，資源として再利用する（同意可）

4 （ロンドンは，）暖流と偏西風の影響を受けるから。（同意可）

5 労働に見合う公正な価格（同意可）

6 イスラム商人が仲介していたために価格が高かったアジアの特産物を直接手に入れるため。（同意可）

7 株仲間をつくることを奨励し，税を納めさせること。（同意可）

8 （衆議院は）参議院よりも議員の任期が短く，解散もあるため，選挙による国民の意思をより強く反映すると考えられるから。（同意可）

9 景観を保護する（同意可）

10 かつて，アフリカの大部分を植民地にしたヨーロッパの国々が緯線や経線を使って引いた境界線を，現在も国境線として使っているから。（同意可）

11 一般の銀行に対して，資金の貸し出しや預金の受け入れを行う。（または，一般の銀行との間で国債などの売買を行う。）（同意可）

12 政治に対して大きな影響力を持つようになった。（同意可）

◇ 解説 ◇

1 日本の原油の自給率は低く，タンカーを使って輸入されていることに注目。

2 1929年にアメリカから始まった世界恐慌は，日本の経済状況にも大打撃をあたえ，翌年には昭和恐慌と呼ばれる深刻な不況となった。

3 A．日本での需要が増えているプラスチックボトルは，自然界で分解されるまでの時間がアルミ缶や紙類よりも長いことに注目。

B．日本の廃プラスチックの処理状況において，「国内リサイクル」の割合を高める必要があることがわかる。

C．循環型社会を実現するために3R（リデュース・リユース・リサイクル）の取り組みが推進されている。

4 イギリスは，西岸海洋性気候に属する。イギリスの西側には，暖流の北大西洋海流が流れており，その上を吹く偏西風が温かい空気を陸地に運んでいる。

5 途上国の生産物は，不当に安い価格で取り引きされることが多かったために貧困問題が

深刻化したことへの対応策といえる。

6 調味料や薬として使われ，非常に高価だった香辛料など，アジアの特産物を入手しようとした。

7 その他にも長崎貿易を奨励したり，干拓を進めるなどの政策も行った。

8 衆議院の任期は 4 年だが，解散があると任期中でも資格を失う。参議院の任期は 6 年で，3 年ごとに半数が改選される。また，解散はない。

9 京都では，自然の風景と町家や社寺，通りなどで調和した街がつくられ，日本の伝統文化が伝わる景観として保持されている。

10 このような国境線の引き方が原因となり，現在でもアフリカでは民族紛争などが多く起こっている。

11 ほかに，手形の売買なども行っている。

12 保元の乱や平治の乱は皇族や貴族内の争いだったが，武士である平氏や源氏に頼る戦いとなったため，乱後に武士の権力が強まった。